QUELQUES DÉES

SUR LA

POUDRE SANS FUMÉE

ET LA

TACTIQUE

Par le Commandant DUBAIL

DU 13ᵉ RÉGIMENT D'INFANTERIE

PARIS ‖ LIMOGES
11, Place St-André-des-Arts, 11 ‖ 46, Nouvelle route d'Aixe, 46
IMPRIMERIE ET LIBRAIRIE MILITAIRES
Henri CHARLES-LAVAUZELLE ·
Editeur.
—
1890

Librairie militaire Henri CHARLES-LAVAUZELLE

Paris, 11, place Saint-André-des-Arts.

Sciences et arts militaires.

TROIS CONFÉRENCES SUR LA TACTIQUE, par le colonel Robert, chef d'état-major du 17e corps d'armée. Ouvrage accompagné de 5 planches hors texte renfermées dans un porte-carte. — Vol. in-8° de 103 pages .... 3 »

TACTIQUE DE COMBAT DES GRANDES UNITÉS, par le colonel Robert, chef d'état-major du 17e corps d'armée :

1re *partie.* PRINCIPES DE TACTIQUE. Ouvrage accompagné de 6 planches hors texte en chromo-lithographie. — Vol. in-8° de 160 pages (épuisé).

2e *partie.* TACTIQUE APPLIQUÉE. Ouvrage accompagné de 6 planches hors texte en chromo-lithographie. — Vol. in-8° de 216 pages .... 4 »

THÉORIES DU GÉNÉRAL DRAGOMIROFF. — Br. in-8° de 60 pages .... 2 »

TRAITÉ DE TACTIQUE EXPÉRIMENTALE, par H. Bernard, colonel du 111e d'infanterie.

Tome I, de 511 avant J.-C. à 1796. — Fort vol. grand in-8° 7 50
Tome II, de 1797 à 1805. — Fort vol. grand in-8° 7 50
Tome III, de 1806 3 1812,   —   — (épuisé).
Tome IV, de 1813 à 1814.   —   — 7 50
Tome V, de 1815 à 1854.   —   — (épuisé).
Tome VI, de 1855 à 1859.   —   — (épuisé).

RECHERCHE DES AMÉLIORATIONS A INTRODUIRE DANS LES PROCÉDÉS ET LES FORMATIONS DE MARCHE DES GRANDES UNITÉS. — Br. in-8° de 40 p. 1 »

ETUDES SUR LA GRANDE GUERRE. — Br. in-8° de 198 pages .... 2 »

DE L'INITIATIVE A LA GUERRE. — Br. in-8° de 32 pages .... » 75

GUIDE PRATIQUE POUR LA GUERRE EN AFRIQUE, à l'usage des officiers et des sous-officiers, par le commandant Dumont, du 92e. — Br. in-18 de 96 p. 1 25

UNE RÉVOLUTION DANS LA TACTIQUE DE L'INFANTERIE, par le commandant Charles de Percy, chef de bataillon au 136e régiment, avec gravures dans le texte. — Br. in-8° de 32 pages.................... » 75

LA TACTIQUE DE LA COMPAGNIE ET DU BATAILLON A L'ÉTRANGER ET EN FRANCE, d'après les règlements de manœuvres. — Br. in-8° de 118 pages... 2 »

LA TACTIQUE DE L'INFANTERIE FRANÇAISE EN 1887. — Br. in-8° de 32 pages. » 60

MÉTHODES STRATÉGIQUES DES ALLEMANDS EN 1870. — Br. in-8° de 36 pages. 1 »

ETUDE SUR LE RÉSEAU FERRÉ ALLEMAND au point de vue de la concentration, ouvrage accompagné d'une carte des chemins de fer allemands (2e édition). — Br. in-8° de 32 pages..................................... » 75

FORTIFICATION DE CAMPAGNE, avec figures dans le texte. — Vol. in-18 de 191 pages... 2 »

LES OUTILS DU PIONNIER D'INFANTERIE, d'après l'instruction ministérielle du 8 août 1880, complété et rectifié à l'aide des documents officiels les plus récents sur le port, le chargement, l'entretien et l'emploi des outils. — 25 figures intercalées dans le texte (2e édition). — Vol. in-32 de 84 pages, broché................................... » 50
Relié toile anglaise..................................... » 75

QUELQUES IDÉES

POUDRE SANS FUMÉE

TACTIQUE

Juin 1890

QUELQUES IDÉES

SUR LA

POUDRE SANS FUMÉE

ET LA

TACTIQUE

Juin 1890

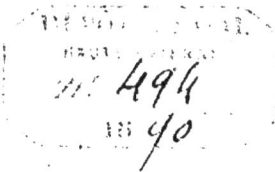

QUELQUES IDÉES

SUR LA

POUDRE SANS FUMÉE

ET LA

TACTIQUE

Par le Commandant DUBAIL

DU 43ᵉ RÉGIMENT D'INFANTERIE

PARIS		LIMOGES
11, Place St-André-des-Arts, 11	‖	46, Nouvelle route d'Aixe, 46

IMPRIMERIE ET LIBRAIRIE MILITAIRES

Henri CHARLES-LAVAUZELLE

Éditeur.

—

1890

QUELQUES IDÉES

sur la

POUDRE SANS FUMÉE

I

AVANTAGES ET INCONVÉNIENTS DU NOUVEL ARMEMENT

Supériorité du nouveau fusil sur l'ancien.

Le fusil modèle 1886 est supérieur au modèle 1874 par sa poudre sans fumée, son mécanisme à répétition, la tension de sa trajectoire, sa grande justesse et sa longue portée.

Son calibre réduit permet d'augmenter, pour un même poids, l'approvisionnement en munitions. Enfin, le nouveau fusil est plus léger que l'ancien, et son recul est moindre. Notons, cependant, que le bruit de sa détonation est plus sec et s'entend de plus loin.

Quel est le mode de combat le plus favorisé?

Ces perfectionnements sont-ils à l'avantage de la défensive ou de l'offensive ?

Il serait téméraire de répondre à cette question avec les seules données qui précèdent et de dire, comme la thèse en a fréquemment été soutenue, que les perfectionnements des armes à feu profitent toujours à la défensive.

La troupe qui occupe une position bien organisée a certainement toutes les chances pour tirer de ses armes le meilleur parti possible : elle se sent abritée, elle est calme, le terrain d'approche lui est connu, les distances sont repérées; enfin, les défenseurs n'ont pas, au moins au début, à changer de position. Toutes les conditions sont, en un mot, réunies pour donner au feu son maximum d'effet.

L'assaillant, au contraire, n'échappe pas à une certaine surexcitation, aussi nuisible à la justesse du tir que ses bonds en avant; et, bien que la tension de la trajectoire, en augmentant considérablement la zone dangereuse, corrige en partie les mauvaises conditions de son tir, la situation de l'assaillant paraît moins favorable que celle du défenseur.

Mais la question change d'aspect, si l'on tient compte de l'absence de fumée.

Des deux côtés, la chaîne ouvre le feu sans révéler sa présence. (Nous rechercherons plus loin à quels moyens nouveaux on devra recourir pour repérer les positions du parti opposé.)

La fumée n'incommode plus le tireur, pour lequel le but reste toujours visible; il peut voir comment portent ses coups et continuer le feu sans interruption.

La vue constante du but à atteindre, de ses camarades et de ses chefs augmente sa confiance.

Les gradés peuvent, mieux qu'autrefois, diriger les tirailleurs et recevoir eux-mêmes l'impulsion ou les ordres des officiers.

Mais le nuage de fumée révélateur était également un rideau protecteur. S'il dessinait le front occupé, il en masquait aussi les détails et empêchait, par exemple, un tir de précision qui pourra devenir très meurtrier avec l'arme nouvelle.

Ces avantages et ces inconvénients affectent autant le défenseur que l'assaillant; il reste à savoir lequel des deux souffrira le plus de l'incertitude sur les positions de l'adversaire.

Si l'assaillant a le plus grand intérêt à découvrir les positions exactes de la défense, il est indispensable que le parti opposé connaisse rapidement les dispositions des troupes de l'attaque, pour en déduire la direction de l'effort principal.

La défense a tout à craindre de l'assaillant : très forte sur son front, elle ne l'est généralement pas autant sur ses flancs et sa situation deviendrait très critique, si elle se trouvait aux prises avec un assaillant invisible dont elle ne pourrait ni enrayer les progrès, ni démasquer les desseins.

Les troupes de la défense sont, en quelque sorte, liées à leurs positions.

L'assaillant a la liberté de ses mouvements : ses tâtonnements n'offrent généralement aucun inconvénient sérieux; il engage l'action à son heure et seulement quand il a recueilli sur l'adversaire tous les renseignements nécessaires.

Certes, devant un assaillant en faute ou trop timide, le défenseur peut sortir de son rôle et prendre à son tour l'offensive; c'est même recommandé par les règlements; mais alors la question n'est plus la même, les deux partis se trouvent dans des conditions identiques et, dans tous les cas, le défenseur perd le bénéfice d'une position laborieusement et soigneusement organisée.

Tout bien pesé, l'absence de fumée est tout à l'avantage de l'offensive.

Par contre, la défensive trouve une force nouvelle dans le feu à répétition, mais à condition d'obliger l'assaillant à parcourir de vastes espaces découverts avant l'assaut.

Ainsi, des perfectionnements de notre nouvelle arme, les uns sont à l'avantage de l'offensive, d'autres à l'avantage de la défense.

Mais, la possibilité de s'avancer et de faire feu, sans déceler sa présence, est un facteur d'une importance telle, que, contrairement aux idées généralement admises jusqu'à ce jour, l'offensive semble être le mode de combat le plus favorisé.

Il faut ajouter cependant que, dans la pratique, cet avantage est loin d'être aussi tranché qu'en théorie, en raison de la difficulté qu'éprouvera l'assaillant en mouvement à ne pas commettre la faute de se montrer.

Importance nouvelle du terrain et des retranchements de campagne.

Les effets meurtriers du feu à répétition rendent à l'avenir absolument intenable la position d'une troupe à découvert et très dangereux les bonds en avant sur un terrain nu, puisqu'on cesse de répondre au feu.

Les chances de perte ont augmenté dans une énorme proportion; il faut donc se protéger davantage, d'où la nécessité d'accorder une importance nouvelle à l'utilisation du terrain et aux retranchements de campagne.

Autrefois, on se contentait le plus souvent, pour ouvrir le feu, de viser sur le nuage de fumée derrière lequel on devinait l'ennemi. Cette facilité n'existant plus, il faudra voir l'homme même sur lequel on tirera.

Cette nécessité, comme aussi la difficulté de reconnaître de loin les positions adverses, auront pour conséquence immédiate de diminuer la distance à laquelle s'ouvrait généralement le feu et d'obliger par suite l'assaillant à rechercher les terrains coupés ou couverts.

A l'insuffisance des couverts on suppléera en faisant largement usage des retranchements.

Rappelons, à ce sujet, que nos profils actuels sont absolument insuffisants. Bien qu'on manque de renseignements précis, on évalue à $0^m,80$ environ l'épaisseur nécessaire de la masse couvrante contre la mousqueterie (1).

L'importance nouvelle des retranchements de campagne et l'emploi fréquent qui en sera fait dans les guerres futures, engageront sans doute à rechercher des méthodes expéditives.

Les applications de la dynamite sont déjà nombreuses en campagne : on coupe les arbres, on abat, on troue les murs, on creuse des puits, etc.; pourquoi ne l'emploierait-on pas pour produire instantanément l'excavation des retranchements ?

Cette question mériterait d'être étudiée.

Des moyens de ce genre mis à la disposition de l'infanterie viendraient fort à propos compenser la

---

(1) A 100 mètres, la balle allemande traverse une épaisseur de $0^m,80$ de sapin, de $0^m,90$ de sable; à 300 mètres, une plaque d'acier de 7 millimètres. Dans la terre fraîchement remuée, sa force de pénétration est de $0^m,60$ à 400 mètres. A 1,800 mètres, elle traverse encore une planche de sapin de $0^m,05$ d'épaisseur.

perte de temps qui résultera de la masse de terre plus considérable à remuer et permettraient peut-être de diminuer le nombre des outils à transporter.

———

II

MODIFICATIONS POSSIBLES DANS LA TACTIQUE DÉFENSIVE

Conditions d'une bonne position défensive.

Nous avons vu que le feu à répétition donnait une force nouvelle aux troupes de la défense, mais à la condition d'avoir un champ de tir découvert de quelques centaines de mètres en avant du front et des flancs.

De telles positions sont rares.

Si le front est fort, les flancs le sont moins, ou réciproquement.

Le plus souvent, la défense devra s'attendre à voir l'assaillant faire une attaque démonstrative sur le front pour porter tous ses efforts sur l'un ou l'autre flanc. L'habileté du commandement consistera à prendre des dispositions assez souples pour lui per—

mettre, tout en faisant face en avant, de se porter en force et en temps voulu vers le flanc menacé.

La question du terrain découvert sur le front et les flancs est désormais capitale, celle du relief du sol passe au second plan.

Dans l'organisation défensive des positions, il est probable que les idées admises jusqu'à ce jour auront à subir quelques modifications.

Valeur défensive des lieux habités et des bois.

La nécessité de s'abriter soit derrière des levées de terre de $0^m,80$ environ, soit derrière des abris fortement organisés, nous semble démontrée; mais devra-t-on rechercher les lieux habités et les bois pour en faire les points d'appui de la position?

Les occuper, comme il est d'usage, en faisant de l'enceinte même du village ou de la lisière du bois la ligne principale de résistance, serait se priver volontairement du bénéfice de l'invisibilité que procure l'absence de fumée.

S'il se trouve des bois ou des hameaux sur la position définitive, l'assaillant supposera toujours qu'ils sont occupés.

Il ouvrira le feu sur ces points d'appui, trop heureux de donner à son artillerie des objectifs aussi distincts.

Le pouvoir destructif des projectiles est tel (1) que les lieux habités seront détruits en très peu de temps et ne formeront plus qu'un monceau de ruines impraticable lors du combat rapproché (2).

Les bois résisteront mieux et seront encore, après un feu violent d'artillerie, de sérieux obstacles dont la défense pourra, le plus souvent, occuper la lisière au dernier moment.

Quoi qu'il en soit, c'est en avant ou sur les flancs que devront être placées les troupes de la défense, c'est là qu'on établira la ligne principale de résistance.

Ainsi, c'est désormais sur la ligne de défense extérieure que vont être concentrées les forces de la défense.

Ces dispositions n'empêcheront pas de constituer une avant-ligne dans le but de tromper l'ennemi, de

---

(1) Les Allemands vont jusqu'à prétendre qu'avec leur nouvelle arme, un soldat peut démolir un mur en briques, à coups de fusil, en moins d'un quart d'heure à 800 mètres.

(2) Il va sans dire que, dans le cas d'un combat d'infanterie contre infanterie, les lieux habités et les bois ne perdent rien de leurs qualités défensives.

lui faire perdre du temps en reconnaissances préli-
minaires et de l'obliger à des reconnaissances nouvelles quand l'avant-ligne aura disparu.

Organisation des retranchements et abris.

Pour l'organisation de la ligne principale de résistance, rien ne sera supérieur aux retranchements en
terre, et le meilleur sera celui qui aura le moindre
relief au-dessus du sol, se rapprochant ainsi du fossé
ou du trou. Il faudra cependant, en arrière de hautes
cultures, donner à la masse couvrante le relief nécessaire pour pouvoir tirer.

On aura soin de dissimuler la terre fraîche sous
du feuillage ou de la verdure pour ne pas laisser sub-
sister une ligne tranchant sur la teinte générale du
sol.

Les haies seront avantageusement utilisées pour
cacher à la fois la terre remuée et l'éclair des coups
de feu qui peut, dans certains cas, à défaut de
fumée, dans les feux de salve principalement, révéler
la présence des tireurs.

Devant un adversaire pourvu d'artillerie, les murs
seront toujours de mauvais abris.

Il vaudra mieux, le plus souvent, remuer de la

terre à quelque distance en avant, que de perdre du temps à organiser défensivement cet obstacle; il offre un but trop visible de loin et peut être détruit en quelques coups de canon.

S'il existe plusieurs lignes de résistance, une des grandes préoccupations du commandement sera de trouver ou de créer des chemins défilés pour se retirer de l'une sur l'autre.

Réduit.

Dans la défense des lieux habités, on ne choisira plus comme réduit ni église, ni château, ni ferme. Encore moins le prendra–t-on dans l'intérieur du village.

Si le terrain s'y prête, on choisira, près de la ligne de retraite, à 100 ou 200^m en arrière du village, des levées de terre ou fossés naturels que l'on complétera au besoin. On en créera de toutes pièces s'il est nécessaire.

Poudre sans fumée.

Feux.

« Dans la défensive, dit le règlement, on fait usage des feux de salve aussi longtemps que possible. »

Cette prescription sera observée dans la mesure la plus large, maintenant que l'absence de fumée permet la continuité du tir. Pour en faciliter l'exécution, on aura intérêt à maintenir, derrière les abris, les hommes sur un rang, quitte à laisser entre les escouades ou les sections des intervalles où viendraient s'intercaler les soutiens.

Au début de l'action, les bons tireurs pourraient être placés dans ces intervalles vides et livrés à eux-mêmes pour un tir de précision qui serait dirigé de préférence sur les officiers et les gradés.

Les chefs de section désigneront comme objectifs aussi bien les fractions de la chaîne ennemie que les soutiens.

Pour éviter les difficultés du ravitaillement en munitions pendant le combat, on aura soin de faire extraire, avant l'action, les cartouches du sac et de répartir entre les hommes celles des caissons de bataillon.

Cela fait, chaque soldat aura, dans ses cartouchières et son étui-musette, un total d'environ 140 cartouches. Cet approvisionnement est loin d'être exagéré en face des Allemands, par exemple, qui marchent au combat avec 190 cartouches sur l'homme (1).

Cette infériorité réelle ne peut être compensée, dans l'état actuel des choses, qu'en faisant réapprovisionner immédiatement les caissons de bataillon par la section de munitions d'infanterie.

Conclusions.

En résumé, la pioche et la bêche sont appelées à jouer un rôle plus important que par le passé.

Plus que jamais, la défense recherchera les terrains découverts, capables de lui donner des champs de tir étendus; les terrains coupés ou fourrés lui seront défavorables.

D'une manière générale, la valeur défensive des lieux habités et des bois est sensiblement diminuée en présence d'un adversaire pourvu d'artillerie.

---

(2) Chaque soldat allemand porte 10 paquets (150 cartouches, poids de 5ᵏ,030) disposés dans trois cartouchières (2 paquets dans chacune des cartouchières de devant et 6 dans celle de derrière). En outre, au moment du combat, la voiture de compagnie vide ses 9,000 cartouches entre les hommes, qui les placent dans leur étui-musette.

III

MODIFICATIONS POSSIBLES DANS LA TACTIQUE OFFENSIVE

Rencontre de l'ennemi. — Formation préparatoire.

Quand une colonne rencontre l'ennemi, son avant-garde se déploie sur une position défensive.

uivant les renseignements qu'il possède sur l'adversaire et après examen de la carte, le commandant de la colonne fait renforcer l'avant-garde ou prendre à la totalité de ses troupes une formation préparatoire défensive lui permettant de faire face d'un côté quelconque.

La disposition des troupes en forme de losange semble répondre à cette nécessité.

La tête de losange serait constituée par l'avant-garde en formation de combat. Le reste de la colonne serait également réparti aux trois autres angles.

Une disposition de ce genre permet de renforcer l'avant-garde en un point quelconque, de prolonger l'une ou l'autre aile, enfin de faire face de quelque côté que ce soit.

Elle se prête en outre à toutes les combinaisons de l'offensive : attaque démonstrative de front et attaque décisive sur l'une ou l'autre aile, ou dispositions inverses.

Ces mesures de prudence et de prévoyance ne seront pas jugées inutiles, si l'on songe à l'incertitude dans laquelle se trouvera le commandement des positions de l'adversaire, incertitude qui aura pour effet immédiat de prolonger le combat démonstratif avant de prononcer l'attaque décisive.

Reconnaissance des positions de l'adversaire.

Sous la protection de l'avant-garde s'opère la reconnaissance détaillée des positions ennemies, à la suite de laquelle sont donnés les ordres définitifs pour le combat.

Le ruban de fumée qui décelait autrefois la présence de la chaîne ennemie était, pour le parti opposé, le meilleur moyen de reconnaissance.

Ce moyen n'existant plus, il faudra voir les tirailleurs eux-mêmes et multiplier les patrouilles de reconnaissance qui devront, si l'adversaire ne commet pas de fautes, s'approcher de très près de ses lignes.

La reconnaissance d'une position exigera plus de temps, d'habileté et de sang qu'autrefois.

Avant le déploiement, c'est de la cavalerie, comme toujours, qu'on recevra les premiers renseignements, renseignements chèrement achetés, car ses patrouilles ne pourront plus se contenter des coups de fusil qu'elles provoqueront : il leur faudra s'avancer encore jusqu'à voir les hommes eux-mêmes.

Une fois les troupes en formation préparatoire, la tâche de la cavalerie est à peu près terminée, du moins sur le front.

Eclaireurs d'infanterie.

Ce n'est qu'à des hommes à pied que peut être confiée la reconnaissance sur le champ de bataille, et chaque unité doit être à même de se suffire à elle-même et de fournir des patrouilleurs convenablement instruits.

De là la nécesssité de former, dans chaque compagnie d'infanterie, un groupe d'éclaireurs composé, par exemple, d'un sergent, d'un caporal, de quatre soldats titulaires et de quatre élèves.

Ces militaires, choisis avec soin, recevraient les notions nécessaires sur la lecture des cartes.

Une série d'exercices spéciaux leur seraient faits sur l'orientation, l'observation des terrains éloignés, l'appréciation des distances, la manière d'exécuter une reconnaissance, de prendre des renseignements et de rendre compte.

Un manuel pourrait résumer tous ces détails.

L'instruction des soldats serait poussée de telle sorte que chacun d'eux fût à même de reconnaître, seul, un point précis de la position ennemie et de rapporter des renseignements utiles.

Dans chaque bataillon, un officier serait chargé de la partie théorique de cette instruction, sous la direction d'un capitaine pour l'ensemble du régiment.

Un autre moyen de reconnaissance consiste dans l'utilisation des clochers.

Un observateur muni d'une bonne jumelle peut y recueillir des renseignements sérieux sur l'ennemi, grâce à sa stabilité et à l'observation des mouvements qui se produisent forcément dans les lignes ennemies.

Sans quitter son poste, l'observateur peut, à

chaque instant, faire parvenir au commandement
les renseignements recueillis, au moyen de bulle-
tins qu'il jette du haut du clocher et que des plan-
tons ou estafettes reçoivent au pied même.

Les arbres élevés peuvent également servir de
postes d'observation. Une bonne mesure, à cet
égard, serait de pourvoir un homme par compagnie
d'une paire d'étriers à pointes analogues à ceux dont
se servent les bûcherons.

Engagement de l'action. — Combat d'artillerie.

Cependant l'artillerie de l'avant-garde a ouvert
le feu et le reste de l'artillerie de la colonne a pris
le trot pour la renforcer.

Si l'on a devant soi des troupes établies défensivement, la précision des buts devient avec la poudre
sans fumée d'une extrême difficulté, surtout si l'artillerie de la défense est bien défilée.

Cette difficulté n'existe généralement pas pour le
parti opposé : le terrain lui est connu, les distances
repérées et l'assaillant en mouvement se montre
forcément.

C'est donc sous le feu que l'artillerie de l'attaque
entrera en action, et, si elle n'est pas sûre de l'ob-

jectif, elle pourra être écrasée avant d'avoir réglé
son tir.

Le meilleur procédé de repérage consiste dans
l'observation de l'éclair des coups; encore ce moyen
fera-t-il défaut, si l'artillerie de la défense pratique
le tir indirect.

C'est également à cette méthode de tir que l'artillerie de l'attaque devra avoir recours pour échapper
le plus longtemps possible à l'observation de l'adversaire.

Dans tous les cas, il est nécessaire, pendant le
combat, de détruire l'enceinte des lieux habités qui
jalonnent la position défensive, quand même on les
saurait momentanément inoccupés, afin de les
rendre inutilisables au moment du combat rapproché.

Entrée en ligne de l'infanterie.

A moins de circonstances exceptionnellement favorables pour le feu à grande distance, l'infanterie, toujours sur un rang dès qu'elle entre dans la zone
dangereuse, devra chercher à se rapprocher et à
ouvrir le feu le plus tard possible.

Elle recherchera les terrains coupés ou fourrés en

profitant de tous les couverts, et n'hésitera pas à laisser inoccupés les espaces nus, quand bien même ils créeraient des vides entre ses fractions.

Les unités de combat engagées ayant, pour un nouveau bond en avant, à traverser un terrain nu sous le feu de l'adversaire, devront attendre que les unités voisines, mieux partagées sous le rapport du terrain, aient fait lâcher pied à l'ennemi.

Pour éviter les effets meurtriers du feu, il est également nécessaire de ne négliger aucune occasion de se porter à couvert d'une position à l'autre.

S'arrêter à découvert pour faire feu, ainsi que cela se pratique si souvent dans les manœuvres d'instruction et même aux grandes manœuvres, doit être considéré comme une faute.

De même, la situation de soutiens à découvert, quelle que soit leur formation, est absolument intenable.

Il serait absurde d'exposer aux vues, et par suite au feu de l'ennemi, des unités non directement engagées : on ne doit pas subir de pertes sans en infliger.

En terrain couvert, on usera largement de la faculté laissée par le règlement de réduire la distance entre la chaîne et les soutiens.

Les chefs de ces dernières fractions n'oublieront

pas qu'ils n'ont plus la fumée des tirailleurs pour masquer leurs mouvements; au moment de renforcer, ils éviteront autant que possible de parcourir un trop long espace à découvert.

La progression des soutiens sera, le plus souvent, une marche en zig-zag dans laquelle les chefs utiliseront tous les couverts, sans cesser d'être à proximité de la chaîne.

Pour la bonne exécution de ces mouvements, l'assouplissement complet de la troupe est absolument nécessaire.

Un signe doit suffire pour passer de la ligne déployée (sur un ou deux rangs) à la formation par le flanc ou à toute autre, suivant la dimension de l'abri en largeur ou en élévation, pour la mise en marche, la direction à prendre, etc.

Il en est de même pour les réserves, qui trouveront dans leur éloignement de la chaîne des moyens plus faciles et plus nombreux de se défiler.

Feux.

La difficulté de ravitailler la chaîne des tirailleurs et la consommation rapide des cartouches conduiront sans doute à pourvoir chaque compagnie d'une voiture de munitions, ainsi que cela existe en Allemagne. Cette voiture serait destinée à augmenter, avant le combat, le nombre des cartouches à la disposition de l'homme.

Dans l'état actuel des choses, il serait prudent, dans le voisinage de l'ennemi, de faire marcher les troupes d'avant-garde avec les cartouches du sac dans la musette et, pour le gros de la colonne, de faire distribuer aux hommes les munitions du caisson de bataillon dès que la présence de l'ennemi serait signalée.

On préviendrait immédiatement la section de munitions pour obtenir sans retard le ravitaillement des caissons.

Au début de l'action, on fera usage des feux de salve; c'est d'ailleurs une prescription réglementaire.

Mais la facilité nouvelle de rectifier son tir par l'observation des points d'arrivée et le besoin de régler la consommation des munitions auront pour effet probable de généraliser l'emploi de ces feux,

Chaque fois, par exemple, qu'il sera possible de grouper derrière un abri une ou plusieurs escouades de la chaîne, on ne manquera pas d'agir par salves, si d'ailleurs l'objectif est suffisamment visible.

Peut-être conviendrait-il, dans cet ordre d'idées,

d'adopter un déploiement en tirailleurs à trois pas d'intervalle.

Les hommes auraient à peu près la formation sur un rang et les escouades seraient séparées par les vides nécessaires pour donner au front de la compagnie l'étendue réglementaire.

Cette formation aurait l'avantage de donner aux escouades une certaine liberté qui leur permettrait d'utiliser tous les couverts du terrain, en se rapprochant au besoin de l'une ou de l'autre escouade voisine; on éviterait le mélange des unités, puisque les soutiens s'intercaleraient dans les intervalles; les escouades seraient mieux dans la main de leurs chefs, qui pourraient, au moment favorable, exécuter des feux de salve sans avoir à resserrer les tirailleurs; enfin, la direction de ces groupes bien distincts serait plus facile pour les sous-officiers et les officiers.

Attaque décisive. — Assaut.

A moins de circonstances particulières, les troupes engagées depuis le commencement de l'action ne seront pas chargées de l'attaque décisive, et cela pour les deux raisons suivantes : 1° si l'adversaire n'est pas démoralisé et ses moyens d'action aux trois quarts paralysés, l'attaque décisive ne réussira qu'autant qu'elle affectera le caractère de la surprise ; 2° cette attaque coûtera tellement cher qu'il faudra, autant que possible, n'y employer que des troupes fraîches, dont le moral n'aura pas encore été atteint par des pertes sensibles ou par l'énervement d'un combat traînant.

Cette question de l'assaut est devenue d'autant plus délicate que l'expérience fait défaut.

Si l'on songe aux désastres éprouvés dans les dernières guerres, malgré la supériorité du nombre, par des troupes qui s'étaient lancées à l'assaut à découvert et dans des formations trop compactes, on se demande s'il sera possible d'éviter ces écueils à l'avenir.

A découvert ! Il sera difficile de se lancer autrement à l'assaut.

Dans des formations compactes ! Le feu de l'adversaire sera si meurtrier à ce moment qu'une simple ligne de tirailleurs n'arriverait jamais. Il faudra beaucoup de monde en ligne pour qu'un petit nombre atteigne la position.

Enfin, la préparation de l'assaut est plus difficile aujourd'hui qu'autrefois.

Il n'y a plus maintenant de nuage de fumée, de

masque protecteur dissimulant les mouvements des fractions de réserve qu'on faisait avancer au dernier moment.

On prendra, le plus souvent, ces dispositions sous les yeux mêmes d'un adversaire qu'il faudrait surprendre.

L'assaut ne réussira donc que si le moral des défenseurs est fortement ébranlé par leurs pertes et si leurs moyens d'action sont en partie paralysés.

A quels signes reconnaîtra-t-on cette situation et, par suite, le moment de s'élancer ?

Il est difficile de le préciser; les symptômes les plus apparents seront la diminution de l'intensité du feu et les mouvements qui dénoteraient une certaine agitation sur la position ennemie.

Dans tous les cas, c'est après avoir mûrement pesé les chances du succès que le chef ordonnera l'assaut, la retraite, en cas d'échec, pouvant tourner en véritable désastre.

Poursuite.

Les moyens d'action du vainqueur sont terribles, en effet, contre l'adversaire en retraite.

Si les troupes battues ne sont pas favorisées par

le terrain, elles se retireront sous un feu à répétition ininterrompu.

Leur destruction complète ne sera évitée que si l'attention des assaillants est distraite par des réserves fortement établies, un réduit bien placé, etc., et si les directions de retraite permettent de se défiler momentanément pour reprendre position.

Enfin, le salut des vaincus dépendra de l'éducation morale qu'ils auront reçue (cadres et troupe), de leur discipline et de leur instruction.

C'est surtout dans ces circonstances malheureuses, où les règles de la discipline se relâchent forcément et où les liens moraux, seuls, peuvent retenir les hommes au drapeau, que se révèle la valeur de la troupe et des cadres inférieurs.

On a dit que le perfectionnement des armes à feu annihilait de plus en plus la valeur personnelle, l'éduducation et l'esprit militaires, parce que le principal facteur était le nombre des fusils en ligne.

Mais si l'on songe à la force de volonté nécessaire au soldat pour s'avancer sous un feu violent, au sentiment puissant du devoir qu'il doit ressentir pour rester à son poste dans une marche en retraite, sous une pluie de projectiles, comme nous en promet le nouvel armement, on est forcé d'admettre qu'il est nécessaire de former et d'élever plus que jamais le cœur de nos soldats.

L'éducation morale de l'homme de troupe est la partie essentielle de l'enseignement militaire, le reste n'est en quelque sorte qu'accessoire.

C'est l'éducation morale qui fait la valeur d'une troupe, bien plus que la manière dont elle exécute le maniement d'armes et les divers mouvements de l'ordre serré ou dispersé.

D'ailleurs, si son éducation morale a été bien faite, son instruction militaire proprement dite n'aura certes pas été négligée : l'une ne va pas sans l'autre.

Conclusions.

Ainsi, le seul fait de pouvoir ouvrir le feu sans révéler sa présence est gros de conséquences.

Il faudra redoubler de prudence et de prévoyance à l'avenir.

Les colonnes auront à prendre une formation préparatoire défensive permettant de faire face d'un côté quelconque.

Les reconnaissances seront plus longues et plus

difficiles. Il faudra donc perfectionner les moyens et les procédés de reconnaissance.

La durée du combat démonstratif sera prolongée.

La situation d'une troupe à découvert étant intenable, les assaillants rechercheront les terrains coupés ou couverts.

Avec le fusil à répétition et la consommation rapide des munitions, l'augmentation des cartouches à la disposition de l'homme est une nécessité.

Les feux de salve seront d'un usage fréquent.

Si le combat démonstratif est prolongé, l'attaque décisive, au contraire, gagnera à être brusquée.

L'assaut n'aura de chance de réussite que si l'adversaire est paralysé ou s'il est surpris.

Enfin, les effets du feu seront si meurtriers qu'il faudra à nos soldats un cœur haut placé et un sentiment profond du devoir.

Il est donc indispensable de faire de l'éducation morale la base de l'instruction militaire et de lui donner tous les développements qu'elle comporte.

IV

REFLEXIONS SUR LA TACTIQUE DE L'ARTILLERIE

——

Avantages et inconvénients de la poudre sans fumée.

Le feu étant le seul mode d'action de l'artillerie, l'adoption de la poudre sans fumée doit avoir une influence capitale sur la tactique de cette arme.

Le nuage de fumée, favorable à l'ennemi, était très préjudiciable au tir.

Tandis que l'adversaire trouvait, dans ce panache révélateur, un objectif précieux, sinon parfait, la batterie avait devant elle un voile épais, qui gênait le pointage en masquant le but et ne permettait pas la continuité du tir.

Enfin, le rideau de fumée du parti opposé rendait difficile l'observation des points de chute.

Avec la poudre nouvelle, des batteries bien dissimulées pourront ouvrir le feu sans révéler leur pré-

sence et le continuer sans interruption. L'observation des points d'éclatement rendra plus rapide le
réglage de tir, dont la direction sera singulièrement
facilitée par l'absence de fumée.

De ces avantages découlent naturellement les inconvénients d'ordre inverse.

Le panache de fumée était en même temps un
rideau protecteur derrière lequel les pièces pouvaient
dissimuler certains mouvements ou changements de
position ; ce même rideau empêchait l'observation
des points de chute de tous les coups longs.

Enfin et surtout, les batteries arrivant sur le
champ de bataille rencontreront de grandes difficultés
dans le choix de leurs objectifs, en face de batteries
invisibles dont elles essuieront le feu.

Il en résultera des reconnaissances préalables,
des tâtonnements et, pour l'ensemble des troupes,
comme nous l'avons déjà constaté, un retard considérable dans l'engagement général.

Mise en batterie.

L'habileté du commandant de batterie consistera
à tenir ses pièces à l'abri tant que l'objectif ne sera

pas précisé, à surprendre ensuite l'ennemi par une mise en batterie dérobée.

On obtiendra ce dernier résultat en décrochant les avant-trains derrière un pli de terrain et en achevant à bras la mise en batterie, un peu en arrière de la crête, ou mieux en restant complètement masqué et en pratiquant le tir indirect, s'il est possible de trouver des méthodes pratiques et rapides de réglage de ce tir.

Quand les masques naturels feront défaut ou seront insuffisants, il faudra remuer la terre et faire des emplacements artificiels.

Ouverture du feu.

Quant aux distances à fixer pour l'ouverture du feu, il semble qu'il y ait intérêt à laisser une très grande latitude.

Mieux vaut, en effet, ouvrir le feu de très loin (à 3,000 mètres ou 3,500 mètres par exemple) si le terrain offre de bonnes vues et des positions abritées que de s'avancer jusqu'aux distances réglementaires et de n'y trouver que des emplacements défavorables.

Une mise en batterie à découvert était déjà, avec

l'ancienne poudre, une mauvaise opération, ce doit être maintenant une faute grave, puisqu'on se prive ainsi volontairement de l'invisibilité que procure la poudre sans fumée. A quoi sert le progrès réalisé si le panache de fumée, qui n'était qu'un objectif grossier et informe pour l'ennemi, est remplacé par la vue précise des six pièces de la batterie ?

Changements de position.

La rareté des bonnes positions d'artillerie, la nécessité d'agir toujours par surprise et, par suite, de se porter à couvert d'un emplacement à l'autre auront pour effet probable de limiter les changements de position.

Une batterie bien abritée peut sans bouger allonger son tir ou changer d'objectif.

L'artillerie divisionnaire doit-elle donc encore, « sans se préoccuper des pertes », accompagner l'infanterie jusqu'à 800 mètres ou 600 mètres de la position à enlever ?

Ces prescriptions avaient pour but d'agir sur le moral des troupes; elles étaient d'ailleurs justifiées par ce fait que la fumée pouvait empêcher l'artillerie restée en arrière de distinguer les troupes adverses.

La fumée ayant disparu, il s'agit de savoir si l'effet moral à produire sur les troupes ne serait pas trop chèrement obtenu en venant à découvert; le plus souvent, s'exposer aux feux de salve des défenseurs.

C'est l'effet contraire qu'on produirait sans doute, en offrant à l'infanterie le spectacle de son artillerie réduite en peu de temps à l'impuissance.

On peut donc admettre, ainsi que le pensent beaucoup d'officiers de l'arme, que l'artillerie n'a plus aucun intérêt à s'approcher à moins de 1,200 mètres de l'adversaire; elle ne doit dépasser cette limite que dans des conditions de terrain exceptionnellement favorables.

Emploi de l'artillerie par masses.

Au point de vue du groupement des batteries sur le champ de bataille, la fumée était le principal obstacle s'opposant à l'emploi des grandes masses; la question du terrain était secondaire.

La concentration des batteries est donc à l'ordre du jour; les masses cesseront de combattre « avec un bandeau sur les yeux »; elles ne perdront pas un instant de vue leur objectif et agiront par séries de feux d'une extrême intensité.

Les feux de masse pratiqueront de véritables brèches dans les lignes ennemies.

La victoire restera fatalement à celui des deux partis qui aura su s'attribuer la supériorité du feu et la conserver.

Cette supériorité, il faudra la rechercher dès le début de l'action, ce qui conduit à désirer l'augmentation de la proportion normale de l'artillerie d'avant-garde.

Conclusions.

L'artillerie restera abritée tant que ses objectifs n'auront pas été reconnus et précisés.

Elle doit, sous peine d'être écrasée, surprendre l'artillerie adverse par son premier coup de canon.

Les procédés à employer paraissent être de commencer la mise en batterie derrière un pli de terrain et de l'achever à bras ou de pratiquer le tir indirect.

Dans le choix des positions et des distances, elle se basera uniquement sur le terrain et ne craindra pas de dépasser les limites réglementaires pour utiliser de bonnes positions.

L'artillerie divisionnaire ne doit plus s'approcher à moins de 1,200 mètres de l'adversaire.

D'une manière générale, il est probable que l'artillerie combattra par masses sur le champ de bataille et que sa proportion dans les avant-gardes sera augmentée.

V

RÉFLEXIONS SUR LA TACTIQUE
DE LA CAVALERIE

Influence secondaire de la poudre sans fumée
sur le service d'exploration.

L'adoption de la poudre sans fumée augmente sans contredit les difficultés des reconnaissances.

La remarque en a été faite au commencement de cette étude; mais il faut se défier d'une certaine exagération en ce qui concerne plus particulièrement la cavalerie dans son service d'exploration.

Les difficultés nouvelles consistent surtout dans ce fait qu'un poste peut laisser approcher une patrouille à bonne portée et la détruire presque complètement par un feu rapide, sans révéler sa présence.

On peut, en un mot, essuyer des coups de feu sans savoir d'où ils viennent.

Il ne semble pas cependant que le service d'exploration puisse en être sérieusement affecté ; c'est en général un mauvais procédé que de provoquer des coups de feu pour reconnaître la présence de l'ennemi en tel ou tel point : le poste qui fusille est sur ses gardes, il ne laisse plus rien voir de son effectif et de ses dispositions.

Cet expédient ne doit être employé que lorsqu'il n'est pas possible de faire autrement.

Pour recueillir des renseignements réellement utiles et de quelque exactitude, il faut voir l'ennemi en mouvement ou au repos, sans qu'il s'en doute.

Aujourd'hui comme autrefois, ces résultats ne seront obtenus que par des patrouilles d'officiers ou de gradés bien montés et très bien doués sous le rapport de la vue et du cœur.

Peu importe que la poudre soit sans fumée pour éviter les patrouilles ennemies, percer leur rideau ou le tourner et choisir un observatoire dissimulé à proximité des colonnes.

Il n'y a pas lieu d'admettre davantage qu'au début des hostilités, lorsque les deux cavaleries adverses d'exploration sont en présence, leur situation soit sensiblement modifiée.

Leurs pointes, leurs patrouilles s'aborderont comme par le passé, et c'est au sabre qu'appartiendra la solution du combat.

Dans les rencontres de masses, l'artillerie est appelée sans doute à jouer à l'avenir un rôle plus considérable, par la propriété qu'elle possède de pouvoir ouvrir le feu tout en restant dérobée à l'observation de l'adversaire.

Le duel préliminaire d'artillerie sera l'une des phases les plus importantes du combat, chacun des commandants ayant le même désir de paralyser les batteries adverses pour écarter le danger de surprises possibles pendant l'engagement.

Difficultés des reconnaissances en vue du combat.

Les difficultés sérieuses commenceront pour la cavalerie dans la période précédant immédiatement la bataille.

A cette arme appartient le soin de renseigner le commandant en chef sur la situation et l'étendue du front de l'ennemi, sur la position des ailes, etc.

Si le service d'exploration a été bien fait, la connaissance du nombre des colonnes et des directions suivies est déjà un renseignement très précieux et capable de simplifier la tâche.

L'utilisation d'observatoires élevés, tels que clochers, châteaux, arbres, permet d'ailleurs aux patrouilles de ne pas perdre de vue les colonnes en marche.

Il reste cependant à préciser les points sur lesquels s'arrêtent les têtes de colonnes et, s'il est possible, la force des divers éléments de la ligne ennemie.

Les mailles du réseau sont généralement trop serrées pour qu'il soit possible de les traverser; c'est donc sur le front même et sur les ailes que seront poussées les reconnaissances.

La poudre, cet agent révélateur, ayant disparu, les patrouilles ne pourront plus se contenter d'essuyer le feu, il leur faudra s'avancer encore ou reculer momentanément pour revenir par surprise d'un autre côté, puisqu'il faut à tout prix voir les troupes elles-mêmes.

Cette dernière phase, nous l'avons dit, coûtera plus de temps et de sang et demandera plus d'habileté qu'autrefois.

Mais bientôt les deux armées se rapprocheront, l'espace manquera et la cavalerie fera place aux reconnaissances d'infanterie pour continuer son service sur les ailes.

Rôle de la cavalerie sur le champ de bataille.

Sur le champ de bataille, l'adoption de la poudre sans fumée diminuera probablement les occasions de charger.

Malgré l'intensité du feu, la cavalerie pouvait encore se préparer derrière le rideau de fumée et s'élancer à la charge, à bonne distance, sur un ennemi surpris.

Comment s'approcher à couvert et se dissimuler désormais, comment prendre ses dispositions à l'insu de l'adversaire ?

En dehors de circonstances exceptionnelles, telles que brouillard épais ou conformation particulière du terrain, la cavalerie n'aura plus à intervenir que vers la fin de la lutte contre les forces désorganisées de l'ennemi ou pendant la poursuite.

Il lui reste enfin la noble mission de se dévouer, en cas d'échec, pour arrêter momentanément le vainqueur, s'offrir à ses coups et permettre aux troupes amies de reprendre haleine.

Les occasions de charges de sacrifice ne lui feront pas défaut.

Conclusions.

L'adoption de la poudre sans fumée ne paraît pas influencer sérieusement le service d'exploration proprement dit, mais elle augmente beaucoup les difficultés des reconnaissances faites plus spécialement en vue du combat.

D'une manière générale, la cavalerie semble devoir prendre une part moins active aux opérations du champ de bataille.

Elle interviendra surtout à la fin de l'action et pendant la poursuite : enfin, on aura recours à son dévouement pour couvrir éventuellement une retraite.

VII

A PROPOS DES MANŒUVRES D'AUTOMNE

Nécessité de dissimuler les prises de position.

Aux manœuvres, les troupes ont souvent le tort de prendre leur formation de combat sans dissimuler avec soin leurs mouvements préparatoires.

C'était une faute avec l'ancienne poudre ; cela devient, avec la nouvelle, une faute très grave, un oubli complet des principes, puisqu'on supplée ainsi à l'absence de fumée au profit de l'adversaire.

La science du terrain, l'utilisation de ses masques vient d'acquérir une importance nouvelle, s'il est possible.

Il semble, en effet, que le plus strict devoir du chef doit être de chercher à entrer en ligne sans révéler sa présence et à surprendre l'ennemi par son feu.

C'est un principe à poser, sans nier d'ailleurs les difficultés que présentera son application, surtout lorsqu'il s'agira de fronts d'une certaine étendue.

Difficultés du rôle des arbitres.

L'adoption de la poudre sans fumée va rendre extrêmement difficile la mission des arbitres.

Un bataillon prend sa formation de combat : il entre en ligne et essuie le feu de l'adversaire. Au bruit des détonations, il juge à peu près de la direction.

Rien ne l'empêche de répondre immédiatement au feu, sans même être sûr de la situation exacte de son objectif.

Pour un arbitre placé à quelque distance, il n'y a pas de faute commise; la situation de ce bataillon peut paraître bonne, alors qu'en réalité il serait écrasé ou obligé à la retraite avant d'avoir pu repérer les positions exactes de l'ennemi et régler son tir.

Pour relever ces sortes de fautes ou des invraisemblances du même ordre, il est nécessaire que l'arbitre se tienne avec la troupe même dont il est appelé à apprécier les dispositions et qu'il juge si, d'après les fautes commises par l'ennemi ou grâce aux reconnaissances exécutées, cette troupe connaît bien la distance et la situation de l'adversaire et si son feu aurait réellement l'effet utile qu'elle lui attribue.

Il ne serait pas exagéré d'attacher un arbitre à chaque régiment.

———

Paris et Limoges. — Imprimerie militaire Henri CHARLES-LAVAUZELLE.

Librairie militaire Henri CHARLES-LAVAUZELLE

LES TRAVAUX DE CAMPAGNE, guide théorique et pratique du pionnier d'infanterie, d'après les cours professés à l'École des travaux de campagne et les ouvrages les plus autorisés publiés à l'étranger ; 63 gravures intercalées dans le texte (2e édition).
Vol. in-32 de 140 pages, broché (épuisé).
Relié toile anglaise.. » 75

MANUEL DU DYNAMITEUR. — LA DYNAMITE DE GUERRE ET LE COTON-POUDRE. *Leur fabrication, leur conservation, leur transport et leur emploi,* d'après les règlements en vigueur, avec 48 figures, par le commandant Dumas-Guilin. — Vol. in-18 de 388 pages................... 4 »

LES FORTS ET LA MÉLINITE, par un pionnier (2e édition). Ouvrage accompagné du diagramme d'un fort. — Br. in-8o de 64 pages................. 1 25

Histoire militaire.

HISTOIRE MILITAIRE DE LA FRANCE DE 1643 A 1871, par Émile SIMOND, lieutenant au 28e de ligne. — 2 volumes, brochés................*franco* 1 »
Reliés toile anglaise ....*franco* 1 50

L'ARMÉE FRANÇAISE A TRAVERS LES AGES, par L. Jablonski.
Tome 1er — Volume in-8o de 500 pages broché................. 5 »
Tome II..*Sous presse.*

PRÉCIS HISTORIQUE des faits militaires mémorables depuis la première Révolution jusqu'à nos jours. — Brochure in-18 de 48 pages

JEANNE D'ARC ET L'ARMÉE FRANÇAISE. — Brochure in-8o de 12 pages ... » 60

DEUX CAMPAGNES A L'ARMÉE D'HELVÉTIE. Précis des opérations de la 38e demi-brigade et de la division Lecourbe (extrait de l'*Historique du 38e régiment d'infanterie*), par le capitaine d'Izarny-Gargas. — Volume in 32 de 128 p.
Broché.. » 50
Relié toile anglaise.. » 75

LA VÉRITÉ SUR LA CAMPAGNE DE 1815— Brochure in-8o de 84 pag...... 2 »

RELATION de l'insurrection des troupes espagnoles détachées dans l'île de Séeland, sous les ordres du général Fririon, en 1803, avec les pièces justificatives destinées à compléter la relation, par E. FRIRION, capitaine au 8e de ligne. — Brochure in-8o de 96 pages.............. 2 »

ESQUISSE HISTORIQUE des sièges de Tlemcen, par M. TRIDON, capitaine de gendarmerie. — Br. in-8o de 26 pages .... 1 »

SIÈGE DE MILIANA, ses ravitaillements. — Brochure in-8o de 36 pages ..... 2 »

EXACTE VÉRITÉ sur la trouée tentée à Balan le 1er septembre 1870 (Bataille de Sedan), par GRAND-DIDIER, capitaine au 31e de ligne, en retraite. — Br. in-8o de 32 pages. » 75

CAMPAGNE DU NORD en 1870-71. Histoire de la défense nationale dans le nord de la France par Pierre LEHAUTCOURT. — 1 volume grand in-8o de 300 pages avec 6 cartes gravées sur acier................. 6 »

Librairie militaire Henri CHARLES-LAVAUZELLE

Notes sur la campagne du 3° bataillon de la légion étrangère au Tonkin.
— Brochure in-8° de 64 pages. .... 1 »

Journal du siège de Tuyen-Quan (23 novembre 1884-3 mars 1885). — Vol.
in-32 de 102 pages, broché.. » 50
   Relié toile anglaise .... » 75

Historique succinct de l'artillerie au Tonkin pendant les années 1883 et 1884,
par C. Humbert, chef d'escadron d'artillerie de marine breveté d'état-
major.— 2 vol. in-32, brochés .... 1 »
   Reliés toile anglaise 1 50

Histoire de la participation des Belges aux campagnes des Indes Orien-
tales néerlandaises sous le gouvernement des Pays-Bas, 1815-1830, par Eu-
gène Cruyplants, capitaine aide de camp du commandant de la garde
civique de Gand, officier de l'ordre de Takovo de Serbie. — Volume
grand in-8° de 402 pages, avec trois cartes et un portrait du général
Lahure, broché.. 5 »

La Guerre, l'Europe et les Coalitions, ouvrage accompagné d'une carte
hors texte. — Br. in-8° de 72 pages................................. 1 25

Étude militaire sur l'Égypte, campagne des Anglais en 1882 (2° édition).
— Vol. in-32 de 32 pages
   Broché.. » 50
   Relié toile anglaise.. » 75

Le Soudan, Gordon et le Madhi par le commandant Heumann O. U, avec 2
cartes et 4 plans. — Vol. in-32 de 96 pages.
   Broché.. » 50
   Relié toile anglaise.. » 75

Guerre du Soudan (le Madhi), avec carte du théâtre de la guerre, par A. Gar-
çon, professeur à l'Association polytechnique. — Brochure in-32.. » 60

La Révolution et l'Armée du Brésil, 15 novembre 1889. — Fascicule in-8°
de 16 pages. .... » 50

Précis de la guerre du Pacifique (entre le Chili d'une part, le Pérou et la
Bolivie de l'autre), ouvrage accompagné d'une carte planimétrique de
la Côte du Pacifique et d'un plan des principales batailles. — Vol. in-32
de 72 pages.
   Broché.. » 50
   Relié toile anglaise.. » 75

L'Éducation et la discipline militaire chez les anciens. — Vol. in-32 de
144 pages.
   Broché.. » 50
   Relié toile anglaise.. » 75

Histoire anecdotique des animaux a la guerre, par Ludovic Jablonski.
Vol. in-12 de 204 pages. 2 55

Le Catalogue général est envoyé franco à toute personne
qui en fait la demande.

www.ingramcontent.com/pod-product-compliance
Lightning Source LLC
Chambersburg PA
CBHW070946280326

41934CB00009B/2025